Anselm Grün
Einfach Leben – 365 Tagesimpulse

Einfach Leben.
365 Tagesimpulse
von Anselm Grün

HERDER

FREIBURG · BASEL · WIEN

Herausgegeben von Rudolf Walter

MIX
Papier aus verantwor-
tungsvollen Quellen
FSC® C014496

2. Auflage 2017

© Verlag Herder GmbH, Freiburg im Breisgau 2012
Alle Rechte vorbehalten
www.herder.de

Umschlaggestaltung: Designbüro gestaltungssaal
Sabine Hanel / Alexandra Gober
Umschlagmotiv: © StarJumper - Fotolia.com
Schmuckvignetten: von Sabine Hanel

Satz: Arnold & Domnick, Leipzig
Herstellung: GGP Meida GmbH, Pößneck

Printed in Germany

ISBN 978-3-451-00542-8

Inhalt

Vorwort

Viele Menschen stehen morgens auf und haben schon Probleme im Kopf. Sie beschäftigen sich in ihren Gedanken sorgenvoll damit, was heute wohl alles auf sie zukommen könnte. Da kann es hilfreich sein, jeden Tag damit zu beginnen, dass man ein vorgegebenes Wort meditiert. Ein Wort für den Tag - das kann zum täglichen Ritual werden. Ein solches Ritual kann meinem Tag eine besondere Note und eine bestimmte Qualität geben. Rituale, die ich am Beginn eines Tages bewusst vollziehe, geben mir auch Kraft, diesen Tag zu leben und zu gestalten. So habe ich für jeden Tag des Jahres Worte zusammengestellt, die die Seele ansprechen und die ein Leitmotiv für den Weg sein können, den wir an diesem Tag gehen.

Gemeint ist damit nicht ein Vorsatz nach dem Motto: „Ich *muss* das leben!" Gemeint sind vielmehr Worte, die mich begleiten: Worte, die mir die Augen öffnen, so dass ich das, was ich heute erlebe, mit anderen Augen sehe. Worte, die mir das Herz aufschließen, damit ich Begegnungen anders erlebe, sie vielleicht auch in einem neuen Licht sehe. Diese Worte sind „Einreden" gegen alle Routine und gegen alle eingeschliffenen Gewohnheiten. Mit ihrem Zuspruch können sie uns wie ein guter und wohlmeinender Begleiter durch einen Tag führen.

In der Bibel heißt es: „Dein Wort ist meinem Fuß eine Leuchte" (Psalm 119). Worte können demnach wie ein Licht sein, das uns das Dunkel des Alltags aufhellt. Worte, die uns gut tun, bringen uns zudem in Berührung mit dem, was unsere Seele im Grunde schon weiß. Sie sind ein Impuls, uns zu fragen: Was ist für mich heute eigentlich wesentlich? Worauf kommt es wirklich an?

Sie wollen nicht belehren, sie wollen uns
nicht drängen, sie zu erfüllen, sondern sie
verwandeln unsere Seele, weil sie sie mit
dem inneren Wissen in Berührung bringen,
mit einer Weisheit, die schon in uns ist.

Ich wünsche Ihnen, dass die Worte, die ich
für jeden Tag des Jahres ausgesucht habe,
für Sie Licht werden auf Ihrem Weg. Setzen
Sie sich nicht unter Druck, diese Worte zu
erfüllen, als müssten Sie einen Aktionsplan
abarbeiten. Aber vertrauen Sie darauf, dass
genau das richtige Wort für diesen Tag
dabei ist, dass dieses Wort Ihr Leben erhellen und verwandeln kann. Und nehmen
Sie diese Worte mit als Geschenk, das Gott
Ihnen gibt, damit Ihr Tag heute ein gesegne-
ter Tag wird.

Ihr Anselm Grün

Januar

„Allem Beginn
liegt ein Zauber inne."
Anfangen heißt:
etwas in die Hand zu nehmen,
sein Leben selbst zu gestalten,
damit etwas Neues in uns wachsen kann.

1 In jedem Jahr erhoffen wir uns,
dass Gott unser Leben innerlich erneuert,
dass neue Erfahrungen uns neu machen.
Trau dem neuen Leben, das in dir ist.
Und vertraue darauf, dass dein Weg
unter dem Segen Gottes steht.

2 Neues beginnt jeden Tag:
Neu werden heißt,
dass wir uns erneuern
als die, die wir sind,
dass wir neue Verhaltensweisen
und Denkformen einüben.

3 Wir können uns heute für das Leben
oder gegen es entscheiden.
Jeden Tag, wenn wir morgens aufstehen,
liegt es in unserer Freiheit,
wie wir zu unserem Leben stehen.

4 Mach die Zeit zu deinem Freund.
Wenn die Zeit nicht dein Gegner ist,
sondern dein Freund,
dann wirst du die Zeit anders
erleben.

5 Sei offen für die vielen Begegnungen,
die du täglich erleben darfst.
Lass dich durch jede Begegnung wandeln.
Aber folge immer auch
deinem eigenen Weg.
Blicke auf deinen eigenen Stern.

6 Du erkennst dich selbst, wenn du
in dir Gott findest und dich in Gott.
Du wirst wahrhaft zum Menschen,
wenn dein ganzes Leben durchscheinend wird für seine Herrlichkeit.

7 Achte auf die Natur. Wenn wir achtsam
   auf die Natur schauen, werden wir auch
   achtsam auf das Geheimnis unseres
   Lebens schauen.

8 Einfach leben heißt: im Einklang mit sich
   selbst leben, keine komplizierten Lebens-
   regeln befolgen, einfach nur da sein.
   Es heißt: voll Freude und Leidenschaft
   leben und genießen können.

9 Damit unser Leben gelingt, ist es
   wichtig, es von äußeren Dingen zu
   befreien und es so zu vereinfachen.

10   Es braucht nicht viel zum Glück.
     Es braucht nur die Achtsamkeit.
     Wenn wir dankbar sind für das,
     was wir wahrnehmen,
     dann sind allein die gesunden Augen
     schon eine Quelle des Glücks.

     11   Nimm dir immer wieder Zeit
          für dich selber.
          Geh mit deiner Zeit achtsam um.
          Lass sie fließen. Nimm sie wahr.
          Erspüre ihr Geheimnis.

12   In jedem Augenblick liegt
     der Zauber der Neuheit.
     Lebe im Jetzt:
     Die Zeit, die jetzt anfängt,
     ist unverbraucht.

13 Das Glück lässt sich nicht festhalten, so wenig wie das Leben. Das Leben fließt immer weiter. Wer das Leben verpasst oder verweigert, dessen Seele verkümmert und erstarrt.

14 Es ist nie zu spät, mit dem Leben anzufangen. Ich muss nicht alles Mögliche nachholen. Aber wenn ich jetzt wirklich lebe, dann löst sich das Ungelebte auf. Es wird in Leben verwandelt.

15 Wer aufmerksam ist, der geht nicht an den Menschen oder an den Dingen vorüber. Für ihn wird alles zum Zeichen für das Eigentliche, für das Geheimnis Gottes.

16 Im Umgang mit den Dingen drückt
sich deine innere Haltung aus. Wie du
mit den Dingen umgehst, so gehst du
auch mit dir selber um.

17 Sei gut zu dir selber.
Nimm dich selbst so an,
wie du bist.
Nur was du angenommen hast,
kannst du verändern.

18 Stehe mit beiden Beinen auf
der Erde, zeige Bodenhaftung.
Nimm alles etwas gelassener.
Nimm dich selbst liebevoll an.

19 Leben heißt immer auch, in der Hoffnung leben, dass es gut wird, dass das Leben gelingt.

20 Komm in Berührung mit deiner Freude. Lass dich von ihr beseelen. Sie ist in dir, tief innen. Sie kann dir nicht genommen werden, weil sie aus einer tieferen Quelle kommt.

21 Freude weitet das menschliche Herz und tut ihm gut. Auf dem Grund des Herzens liegt sie in jedem Menschen bereit: ein Schatz, den wir heben können.

22 Lass mehr Freude in dein Leben.
Sie ist gratis, und wird meist von
ganz einfachen Dingen ausgelöst.

23 Suche die Stille.
Wir brauchen die Stille,
um wir selbst zu werden,
um ganz bei uns zu sein.

24 Ich kann nur ändern,
was ich angenommen habe.
Ich kann nur wachsen,
wenn ich mich mit mir
ausgesöhnt habe.

25 Suche die Stille.
Suche sie besonders,
wenn du innerlich
unruhig bist.

26 Vertraue deiner Sehnsucht.
Sie führt dich mitten ins
wahre Leben.
Hier und jetzt.

27 Was auch immer kommt – nichts
kann uns von der Liebe Gottes
trennen. Nichts kann uns zerbrechen,
weil wir mit unserer Gebrechlichkeit
und Gebrochenheit unter Seinem
Segen stehen.

28 Gott fängt immer wieder neu mit uns an. Er erfüllt uns mit seinem neuen Leben. Wir sind nicht festgelegt durch die Vergangenheit. Wir dürfen Neues wagen.

29 Das Ziel, das wir in unserem Leben anstreben sollen, besteht nicht in einer Leistung. Es besteht in einem Sein, in einer Sendung.

30 Öffne dein Herz. Spirituell leben heißt: sich dem Licht zu überlassen, das in unsere Herzen eindringen möchte.

31 Bleibe innerlich nicht stehen.
Folge deiner Sehnsucht.
Sie weitet das Herz
und lässt uns das,
was wir täglich erfahren,
auf viel intensivere Weise erleben.
Sie ist eine Spur zum Glück.

Februar

Alles hat seine Zeit:
Das Lachen und das Weinen.
Ruhe und Bewegung.
Genießen und Verzichten.
Beides sind Pole unseres Lebens.
Keinem sollten wir uns verweigern.
Beides gehört zu unserem Leben.

1 Wir sind als Menschen
von der Erde genommen.
Wenn wir uns annehmen mit allem,
was in uns ist, auch mit all dem Erdhaften,
Dunklen und wenig Ansehnlichen,
dann führt das zur Gelassenheit.
Dann sind wir fähig,
auch über uns selbst zu lachen.

2 Das Fest Mariä Lichtmess zeigt:
Es geht darum, ein Licht in alle
Bereiche des alltäglichen Lebens
hineinzutragen. Es soll alle Bereiche unseres Lebens klären und
läutern: unsere Arbeit, unsere
Wohnungen, unsere Beziehungen
und die Welt um uns herum. Wir
selbst können diese Reinigung un-
terstützen durch Fasten – durch
die Einübung in die innere Freiheit.

3 Lass dich ein auf die Seligpreisung Jesu: „Glücklich sind die im Herzen Reinen, denn sie werden Gott sehen." Er lädt uns ein, unserer Sehnsucht nach Freiheit zu trauen und unser Herz von allem zu reinigen, was es zu trüben sucht.

4 Um mit der inneren Reinheit und Klarheit in Berührung zu kommen, brauchen wir die Stille. Erst wenn wir aufhören, uns durch nebensächliche Werte zu definieren, können wir mit dem ursprünglichen Glanz unserer Seele in Berührung sein.

5 Wenn unser Alltag hektisch zu werden
droht: In all der Hektik, die uns umgibt,
ist auch wichtig, unser Leben bewusst zu
verlangsamen, damit wir mit uns selbst
in Berührung kommen und klarer sehen,
wohin wir gehen wollen.

6 Lass dir Zeit: Wir müssen Zeit haben,
damit das, was in uns liegt, in einem
ihm angemessenen Rhythmus zur
Blüte kommt. Es braucht Geduld.
Nicht nur für das Wachsen und Rei-
fen, sondern auch für das Ungelöste
im eigenen Herzen.

7 Wer immer nur beschleunigt, ist nicht bei sich und in seiner Mitte. Weil er Angst hat, nicht mithalten zu können mit dem Tempo der anderen, ist er auf sie fixiert. Stattdessen sollte ich nach innen schauen. Dort in meinem Herzen ist schon Vertrauen. Dort finde ich Ruhe.

8 Sich selbst annehmen, das heißt: mich selbst nicht zu bewerten, sondern auf mich mit einem freundlichen Auge zu schauen. Ich bin dankbar für mich, so wie ich bin.

9 Bewusst Ja sagen zu mir: Ich will mich, so wie ich bin. Das gelingt, wenn ich keine Angst vor meinen Schattenseiten habe, wenn ich mir erlaube, dass all das, was in mir auftaucht, auch sein darf.

10 Nur wenn ich all das Durchschnittliche in mir und in den anderen betrauere, komme ich in den Grund meiner Seele. Hier kann ich ein Einverstandensein mit mir und meinem Leben spüren. Hier erfahre ich einen tiefen inneren Frieden in mir und das Vertrauen, dass ich aus dem, was ich bin, etwas machen kann.

11 Ein reines Herz
zeigt sich auch im Sprechen:
Äußere dich in Worten, die klar sind,
aufrichtig und stimmig.
Von einem reinen Herzen geht etwas aus,
das den Menschen gut tut,
das es aber auch selbst mit Segen erfüllt.

12 Lachend auf ein Missgeschick
zu reagieren, kann befreien:
Wir stellen uns auf eine andere Ebene.
Lachen hellt auf. Es macht den
Sinn heiter und klar.
Es vertreibt die Wolken
von unserer Seele.

13 Im Verzicht üben wir unsere Freiheit.
Und wir üben Haltungen ein,
die unserem Leben Halt geben.
Wir verzichten nicht, um uns das Leben
schwer zu machen, sondern um
frei zu werden von unnötigem Ballast.
Wir ziehen uns auf uns selbst zurück,
damit in uns das Wesentliche,
das Eigentliche zum Vorschein kommt.

14 Entrümpeln befreit. Wir können
es erfahren, wenn wir einmal ganz
bewusst durch unsere Räume
gehen und genau hinschauen:
Wo steht unsere Wohnung zu voll?
Wo engt uns das Viele,
das herumsteht, ein?
Worauf könnten wir verzichten?

15 Das Fasten soll uns einladen, ganz langsam
und ganz neu das Geheimnis der Speisen
zu kosten und zu genießen. Wenn ich nach
dem Fasten eine Scheibe Brot langsam
kaue, spüre ich, wie gut das Brot schmeckt.
Ich genieße den Geschmack und kann mit
neuer Freude und Dankbarkeit das Essen
genießen.

16 Wer die ehrliche
Selbstbegegnung wagt,
wird die Wohltat
des Fastens erleben:
innere Klarheit,
Weite, Leichtigkeit
und Freiheit.
Er spürt,
dass er nicht
abhängig ist.
Das stärkt
das Selbstbewusstsein.

17 Achtsam sein beim Essen:
Genießen heißt, sein Essen nicht
hinunterschlingen. Dankbar zu
genießen ist auf Dauer gesünder
als alle Theorien
über gesunde Ernährung.

18 Wir müssen immer damit rechnen, dass wir auf dem Weg zur Gesundheit auch Krankheit erfahren, auf dem Weg zum Glück auch Unglück und auf dem Weg zur Freude auch Trauer. Nur wenn ich beide Pole berücksichtige, kann meine Suche nach Glück gelingen.

19 Wahre Freude empfindet nur der,
der auch die Trauer zulässt.
Wer alle negativen Gefühle
verdrängt, der wird auch
abgeschnitten von der Freude.
Das gilt auch für die Beziehung
zu uns selbst, die für den Weg
zum Glück so wichtig ist.

20 Vergeben befreit: In der Vergebung befreie ich mich selbst von der negativen Energie, die durch die Verletzung noch in mir ist. Wenn ich dem anderen nicht vergebe, dann bin ich noch an ihn gebunden, dann hat er noch Macht über mich.

21 Verzichten befreit. Wer sich innerlich frei fühlt, der ist glücklich. Wer verzichtet kann spüren: Ich lebe selbst, anstatt gelebt zu werden. Ich gestalte mein Leben so, wie es mir gut tut.

22 Unsere letzte Freiheit besteht darin, das, was uns vorgegeben ist, innerlich zu bejahen und uns darin für den zu entscheiden, von dem wir unser Leben annehmen.

23 Jetzt ist die Zeit, in der wir manches bewusst langsamer und behutsamer angehen, um immer mehr zu uns selbst zu kommen, damit an Ostern das volle Leben in uns aufblüht und für uns und die Menschen um uns herum zum Segen wird.

24 Wenn ich dem Vertrauen
auf dem Grund meiner Seele traue,
werde ich von allein ruhiger
auf die Aufgaben zugehen.
Aber ich werde sie letztlich
schneller erledigen,
ohne in Hektik zu geraten.
Denn in der Ruhe liegt die Kraft.

25 Je schneller ich hinter dem Glück
herlaufe, desto sicherer werde ich
es verfehlen. Nur im Innehalten
ist das Glück erfahrbar.

26 Jeder von uns braucht
die Möglichkeit des Rückzugs,
damit er Rückhalt findet:
einen festen Grund,
auf dem er stehen kann.
Der Rückzug ist immer
verbunden mit der Rücksicht
auf sich selbst.
Ich gehe rücksichtsvoll
mit mir um, damit die innere
Quelle wieder fließen kann.

27 Maß halten ist die Kunst, die eigenen Fähigkeiten und Grenzen, die eigenen Stärken und Schwächen anzunehmen und sie so zu leben, dass sie einen auf Dauer lebendig halten und zum Segen für andere werden.

28 Loslassen gehört zum guten Leben. Loslassen heißt: Gott alles übergeben, was wir in unseren Händen halten. Wenn wir das tun, verändert sich unser Leben. Wir bekommen Abstand zu dem, was uns belastet. Wir erfahren Freiheit.

März

Wir leben immer in der Spannung:
von Dunkelheit und Licht,
von Liegenbleiben und Aufstehen,
von Erstarrung und Aufbrechen,
von Sich-Zurücknehmen
und Hinausgehen in das Leben,
von Tod und Auferstehung.

1 Wir sollten uns hüten, innerlich zu vereisen und kalt zu werden: im Herzen, in der Sprache und im Umgang miteinander. Wenn wir in Berührung kommen mit der inneren Glut unseres Herzens, wird sie auch in unsere Sprache und unseren Umgang miteinander hineinwirken.

2 Wenn wir uns erstarrt fühlen: Was ist unter dem Gefühl der Erstarrung? Vielleicht entdecken wir da schon etwas von Lebendigkeit. Oder wir fragen das Gefühl selbst, was es uns sagen möchte. Was ist da in uns erstarrt? Und warum ist es erstarrt? Wovor will uns die Erstarrung schützen?

3 Gott ist gegenwärtig. Und nur
wenn der Mensch auch ganz in der
Gegenwart lebt, vermag er ihm zu
begegnen.

4 Ein Ritual: Stelle dir am Morgen
beim Duschen vor, dass Gott dich
von allem reinigt, was dich innerlich
beschmutzt, was das ursprüngliches und
unverfälschtes Bild Gottes in dir trübt.

5 Für die Begegnung mit einem
Menschen gilt: Nur wenn beide
wirklich ganz gegenwärtig sind,
können sie sich begegnen, nur dann
nehmen sie den jeweils anderen so
wahr, wie er ist.

6 Suche die Nähe von Menschen,
in denen dir etwas Klares und Reines,
etwas Lauteres und Echtes begegnet.
Sie klären auch in uns etwas auf.

7 Unterhalb meiner Emotionen, unterhalb meiner Sorgen und Ängste strömt die Quelle des Heiligen Geistes. Es braucht die Stille, um durch den Müll, der sich über meiner Quelle angesammelt hat, in den Grund der Seele zu gelangen. Dann kann die Quelle hochsteigen und mein Bewusstsein durchdringen. So wird mein Leben erneuert, erfrischt und befruchtet.

8 Grenzen sind wichtig. Grenze dich
   gut ab, bevor du dir selbst verloren
   gehst. Setze eine Grenze, wenn
   deine Energie aus dir herausfließt.

9 Akzeptiere deine eigene Begrenztheit. Es
   liegt immer in meiner Entscheidung, ob ich
   glücklich bin. Und dazu gehört letztlich auch
   ein Stück Demut, die Bereitschaft, mich mit
   meiner Begrenztheit auszusöhnen.

10 Suche die eigene Mitte.
   Wer in seiner eigenen Mitte ist,
   ist gegen Verletzungen
   seiner Grenzen
   am ehesten gefeit.

11 Achte deine eigenen Grenzen.
Nur wer gut mit seinen eigenen
Grenzen umgeht, kann auf Dauer
auch gut mit anderen Menschen
umgehen, die seine Hilfe brauchen.

12 Wir sollten nicht nur mit den Ohren hören, sondern auch mit dem Herzen. Im
Hören auf die Person des anderen – auf
das, was durch ihn hindurchtönt (= per-
sonare) – horche ich letztlich auf das, was
Gott mir durch ihn sagen möchte.

13 Nur durch das offene Hinhören
und das offene Sprechen gelingt
Dialog, gelingt es auch, gemeinsam etwas Neues zu finden.
Begegnung verwandelt.

14 Ich gehe anders aus einer Begegnung
mit einem anderen Menschen heraus
als in sie hinein. Dialog hat immer mit
Achtung zu tun: Ich habe Achtung
vor dem Eigenen, aber auch vor dem
Fremden.

15 Offenheit hält mich lebendig. Wenn ich
morgens mit der Haltung der Offenheit in
den Tag gehe, wird mir auch meine Arbeit
mehr Spaß machen, als wenn ich nur auf
das fixiert bin, was von mir erwartet wird.

16 Nur wenn das Fremde in uns
befriedet ist, wird von uns
ein Frieden ausgehen, der auch
das äußerlich Fremde und die
Fremden in der Umgebung
umschließt.

17 Verzichte darauf, dich mit anderen zu vergleichen. Solange wir uns mit anderen vergleichen, solange wir darauf fixiert sind, was andere haben und was uns fehlt, übersehen wir unsere Einmaligkeit und Einzigartigkeit sowie die Gaben, die Gott uns geschenkt hat

18 Lerne Spannung auszuhalten: gesunde Spannung erzeugt in uns innere Energie. Wir brauchen eine innere Energie, die nicht nur in uns vorhanden ist, sondern strömt und Frucht bringt für uns selbst und für andere.

19 Konflikte gehören zum Leben. Aber frage immer: Wann ist die Zeit zum Kämpfen? Und wann ist die Zeit zum Frieden-Schließen? Spüre in dich hinein: Dort, wo du tief in deinem Herzen Frieden spürst, da findest du das Richtige.

20 Frühlingsbeginn:
Der Frühling will auch
in uns das Leben aus
aller Erstarrung hervorlocken.
Das Leben, das wir um uns herum
aufblühen sehen, soll auch in uns
selbst zur Blüte kommt.

21 Nur das Heilige vermag zu heilen.
Hüte das Heilige auch in den Menschen,
die dir begegnen.
Betrachte sie als Menschen, in denen
etwas ist, was dieser Welt entzogen ist,
ein Geheimnis, das sie übersteigt.

22 In der Gegenwart Gottes leben:
Gott ist nicht der ferne. Er ist der,
der ganz im Augenblick ist. In
seiner Gegenwart komme ich zu
mir selbst, verlasse ich das Nachdenken über die Vergangenheit
oder Zukunft.

23 Beobachte deinen Atem. Im Einatmen strömt Gottes neuer und neumachender Geist in dich ein. Und im Ausatmen lässt du diesen Geist in deinen ganzen Leib strömen. Gottes Geist erfüllt dich mit neuem Leben. Beobachte nur den Atem und versuche, ganz im Augenblick zu sein. Das genügt.

24 Lebe den Augenblick: Entscheidend ist nicht, wie lange ich lebe, was ich alles leisten und vorweisen kann. Entscheidend ist, dass ich mein Herz öffne und mit weitem Herzen jeden Augenblick lebe.

25 Die Kraft wächst mit dem Ziel. Erst wer ein Ziel anstrebt und auf es zugeht, wird merken, wozu er fähig ist. Er wird seine bisherigen Grenzen überschreiten – und an neue herausfordernde Grenzen stoßen.

26 Gönne dir, einmal mit gutem Gewissen jetzt gar nichts zu tun. Diese innere Freiheit tut gut. Sie führt wirklich zur Ruhe, zu einer schöpferischen Ruhe, von der ich irgendwann mit neuer Lust, etwas anzupacken, aufstehen werde.

27 Dankbar und einverstanden sein heißt: im Einklang sein mit dem, der ich geworden bin. Und das heißt, zu erkennen: Es ist alles gut, so wie es ist.

28 Wir sind nie ganz frei von Erwartungen von außen oder von den Erwartungen, die wir an uns selbst richten. Trotzdem sollten wir lernen, auf die eigenen Gefühle zu achten.

29 Lebe im Jetzt. Freu dich über den heutigen Tag, über die Schönheit der Natur, darüber, dass du jetzt atmest und dass du so, wie du bist, einmalig bist.

30 Trau dem inneren Wachstum. Das bringt Gelassenheit und Dankbarkeit. Dankbarkeit hat einen Blick für das Wertvolle meines Lebens. Und sie achtet darauf, dass nichts Wertvolles verloren geht.

31 Der Frühling lässt sich nicht aufhalten: Das Leben bricht neu auf. Wie der Frühling die abgestorbene Natur erneuert und erfrischt, so hoffen wir auf Ostern: dass das neue Leben der Auferstehung alles Alte und Verbrauchte in uns erneuern wird.

April

Frühling – die Zeit neuen Lebens.
Die Natur blüht auf. Wir spüren ihn:
den Sieg des Lebens über den Tod.
Wir nehmen ihn wahr auch in der Schöpfung.
Das macht uns auch innerlich lebendiger.

1 Wir können spüren, dass das, was in der Natur geschieht, auch unsere Seele berührt.

2 Oft verstehen wir uns selbst nicht. Wir erfahren uns selber als widersprüchlich und rätselhaft. Auch diese Erfahrung ist wertvoll. Sie verweist uns auf das Geheimnis unseres Lebens.

3 Der Frühling verwandelt unsere Seele. Wir fühlen uns voller Lebendigkeit und Frische. Die Fesseln, die uns oft genug hemmen, fallen von uns ab. Der Stein, der auf uns liegt und uns bedrückt, wird weggewälzt. Und Lähmung löst sich auf.

4 Um unser Leben zu verstehen, brauchen wir nicht nur den Verstand, sondern auch die Gabe des Heiligen Geistes, der uns tiefer schauen lässt und in der Tiefe all das zusammensieht, was wir an der Oberfläche nicht zusammenbringen.

5 Ostern – eine Erfahrung der Freiheit. Wir können spüren, was es heißt: alle Fesseln der Angst und der inneren Hemmungen abzulegen, aufzustehen und selbst zu leben.

6 Jetzt schon aufstehen vom Tod zum Leben, das heißt konkret: Ich stehe auf aus dem Grab meiner Angst, meiner Resignation, meiner Dunkelheit, meiner Depression, meiner Hemmungen und Blockaden.

7 Das Geheimnis des Lebens zu verstehen ist die Voraussetzung dafür, dass unser Leben gelingt. Indem wir dem Geheimnis unseres Lebens nachspüren, können wir dem Geheimnis Gottes selbst auf die Spur kommen.

8 Manchmal sind wir verunsichert. Das darf sein. Nur sollten wir uns fragen: Wer bin ich wirklich? Ich muss mich nicht vor anderen rechtfertigen. Ich darf sein, wer ich bin.

9 Ich muss niemandem imponieren. Und ich darf auch unsicher sein. Das zeigt, dass ich meinen Weg noch suche. Das Suchen ist ja gerade Zeichen meiner Stärke. Ich stelle mich der eigenen Unsicherheit und Suche. Das hält mich lebendig.

10 Das Wort eines chinesischen Weisen lautet: „Wohin du auch gehst, geh mit deinem ganzen Herzen!" Es ist nicht so wichtig, wohin ich gehe. Entscheidend ist, dass ich mich immer mit ganzem Herzen auf dem Weg mache – dorthin, wofür ich mich entschieden habe.

11 Unsere Aufgabe besteht darin, immer wieder Ja zu sagen zum Augenblick, dankbar zu sein für das, was jetzt ist. Dann werden wir in unserem Herzen ein gutes Gefühl spüren: ganz im Einklang zu sein mit uns selbst.

12 Dankbarkeit bedeutet: Einverstandensein mit meinem Leben, im Einklang sein mit dem, der ich geworden bin. Und sie heißt für mich, einen tiefen inneren Frieden zu spüren, zu erkennen: Es ist alles gut, so wie es ist.

13 Dankbarkeit bewahrt mich vor Stolz. Sie lehrt mich, dass ich mich auf keiner Fähigkeit und auf keinem Werk ausruhen kann.

14 Wir können eine längere Wanderung durch die Natur machen und uns vorstellen: Ich wandere aus aus allen Abhängigkeiten und aus allen Bildern, die ich mir von mir selbst gemacht habe. Ich wandere mich frei von den Rollen, die ich bisher gespielt habe.

15 Krisenerfahrungen wollen mich
dazu führen, authentisch zu werden,
wirklich mein eigenes Leben
zu leben und nicht immer
nur Erwartungen anderer zu erfüllen.

16 Die Osterzeit ist eine Zeit der
Erneuerung. Das neue Leben
der Auferstehung will alles Alte
und Verbrauchte in uns erneuern, so wie der Frühling die abgestorbene Natur erneuert und
erfrischt.

17 Sich selbst annehmen –
ein Weg zur Freiheit
und zu neuem Leben.

18 Loslassen – ein Weg zur Freiheit: Wir müssen uns unser Leben lang loslassen. Im Sterben gipfelt das Loslassen, aber es wird schon während unseres Lebens immer wieder von uns gefordert.

19 Werden wie die Kinder: Ein Kind bringt uns in Berührung mit dem Kind in uns. Wir spüren das Unverbrauchte und Unverfälschte im Kind. Es ist noch nicht an unsere Erwartungen angepasst. Es lebt aus sich heraus, auch wenn es auf unsere Zuwendung und Liebe angewiesen ist.

20 Sich an die eigene Kindheit erinnern: Was war ich für ein Kind? Was war mein Lebensgefühl? Versuche, mit diesem Kind, mit seiner Vitalität in Berührung zu kommen. Entdecke in dir die Kraft, die in uns ist, um uns vor den Bedrohungen des Lebens zu schützen und an den Verletzungen nicht zu zerbrechen

21 Sei heute achtsam darauf, wie jetzt in der Frühlingszeit das Leben neu aufkeimt und aufblüht. Das Lebendige hat Kraft in sich. Es entfaltet sich, allen Widerständen zum Trotz.

22 Trau der Kraft, die in dir ist. Trau der Quelle, die in dir fließt. Trau deinem eigenen Gefühl. Trau Deiner inneren Fröhlichkeit und Leichtigkeit. Tanze sie aus. Drücke sie im Spiel aus. Lache sie aus dir heraus.

23 Du bist du selbst.
Du bist einmalig.
Lebe, was du bist.

24 Verabschiede dich von übertriebenen Erwartungen. Nur wenn wir uns mit der eigenen Durchschnittlichkeit, mit den persönlichen Grenzen aussöhnen, können wir all das Positive sehen, das uns geschenkt ist.

25 Trau der der Sehnsucht, die in deinem
Herzen auftaucht. In der Sehnsucht nach
innerem Frieden ist schon Frieden. Wer
mit sich selbst in Berührung kommt,
wird unabhängig von den anderen – und
kommt leichter in Frieden mit sich selbst.

26 Verzeihe dir selbst
und verabschiede dich
von der Illusion,
fehlerlos und perfekt
durchs Leben gehen
zu können.

27 Vertrauen auf die Vergebung Gottes.
Wenn ich glaube, dass Gott
mich so annimmt, wie ich bin,
vermag auch ich mich eher
anzunehmen.

28 Wende dich liebevoll dem inneren Kind zu, das perfekt sein möchte und es nicht ist. Wenn ich es liebevoll in den Arm nehme, dann hört es auf, sich ständig Vorwürfe zu machen.

29 Sei mit dir selbst barmherzig.

30 Osterzeit – ein Weg, jeden Tag auf neue Weise aufrecht und aufgerichtet in dieser Welt zu leben. Ostern heißt: zu glauben, dass auch für mich die Liebe stärker ist als der Tod.

Mai

In der Natur – Aufbrechen aller Starre,
Aufblühen und Grünwerden.
Symbol für den Sieg
der Liebe und des Lebens.

Sich vom Mai in die Schule
nehmen lassen, heißt:
spüren, wie viele Augenblicke
den Geschmack des Glücks
in sich schließen.

1 Der Mai lädt uns dazu ein, uns im Anblick
der blühenden Schöpfung selbst zu vergessen
und einfach nur mit unseren Sinnen wahrzunehmen, was sich uns an Schönheit anbietet.

2 Glück stellt sich nicht einfach ein,
wir müssen es auch suchen.
Wir können es nicht festhalten.
Aber wir riechen,
wir schmecken,
wir hören und
wir schauen es.

3 In der Natur können wir erfahren: Wir
haben teil an der Kraft und Lebendigkeit
der Schöpfung. Das Leben, das jetzt in den
Wiesen und Wäldern um uns herum aufbricht, will auch uns durchdringen.

4 Wer sich mit der Natur eins fühlt,
der hört auf, sich selbst zu bewerten.

5 Glück ist reines Sein.
Wer sich vergisst,
wer ganz in dem ist,
was er gerade tut,
der ist glücklich.

6 Jeder von uns ist von Gott
bedingungslos geliebt.
Und jeden hat Gott auserwählt,
damit er zum Segen
für andere wird.

7 Wer ganz in seinen Sinnen ist
und die Schöpfung um sich herum
wahrnimmt, der erfährt Glück,
dem kommt es von außen entgegen.

8 Die Kunst des Genießens: uns mit allen
Sinnen darauf einzulassen, was uns der
nächste Augenblick beschert.

9 Ich finde das Glück nur in mir selbst,
aber ich muss auch offen sein für
die glücklichen Augenblicke in einer
Partnerschaft.

10 Liebe ist eine göttliche Qualität. Sie verzaubert unser Leben. Sie ist in einem jeden von uns, und sie umgibt uns in der Schöpfung, die uns umarmt, in der liebenden Gegenwart Gottes, die uns einhüllt, und in Menschen, die uns lieben.

11 Wenn wir die Fülle des Lebens in uns selbst zulassen, dann sind wir im Einklang mit uns selbst. Dann ist die Fülle des Lebens da. Wir müssen uns ihr nur öffnen.

12 Der Mensch bedarf der Liebe
und der Freundschaft,
wenn er nicht Schaden
an seiner Seele nehmen will.

13 Das Leben lieben heißt vor allem,
es liebevoll annehmen wie ein
kostbares Geschenk, das ein lieber
Mensch für uns ausgesucht hat.
Weil mein Leben Ausdruck der
Liebe Gottes ist, nehme ich es in
Liebe an, versuche ich, es selbst zu
lieben.

14 Es ist immer ein Geheimnis,
wenn wir von der Macht der Liebe
erfasst werden.
Liebe ist eine Qualität des Erlebens.
Sie ist nicht machbar.
Sie ist göttliches Geschenk.

15 Es genügt nicht, die göttliche Gabe der
Liebe zu genießen. Wir müssen diese Liebe auch zu den Menschen und zur Welt
hin fließen lassen. Wir müssen ihr durch
neue Verhaltensweisen Ausdruck verlei-
hen. Sonst stirbt sie ab. Die Liebe muss
strömen, damit sie lebendig bleibt.

16 Die Liebe siegt
über unsere Selbstentfremdung.
Das ist die befreiende Botschaft
von der Erlösung.

17 Wir haben einen Beruf, aber wir sind
nicht unser Beruf. Es ist wichtig, eine
gute Balance zu finden zwischen den
beruflichen Anforderungen und den
anderen Bedürfnissen.

18 Wir dürfen mit unserer Arbeit etwas schaffen. Wir gestalten und formen die Welt.

19 Viele setzen sich mit ihrer Arbeit unter Druck. Aber ständiger Druck staut die Energie in uns, erzeugt in uns Blockaden und führt zum Crash im Leib, in der Seele und im Geist.

20 Unsere Kraft wird gespeist von Gottes Kraft. Und genauso wird unsere Liebe, die wir in uns spüren, gespeist von Gottes Liebe. Das gibt unserer Liebe eine neue Qualität.

21 Wir jammern oft, dass wir uns so ungeliebt fühlen. In solchen Augenblicken ist es wichtig, sich zu erinnern, was uns an Pfingsten gesagt wird: Gott möge das Feuer seiner Liebe in uns entzünden. Die Liebe möge nie zu einer verbrannten Asche werden. Sie soll immer in uns glühen, brennen.

22 Wer zu perfektionistisch ist und immer alles noch einmal kontrollieren will, dem hat Jesus das Wort gesagt: „Keiner, der die Hand an den Pflug gelegt hat und nochmals zurückblickt, taugt für das Reich Gottes." (Lk 9,62)

23 Jammern hilft nicht. Wer nur
über die schlechten Zustände
jammert, der vergeudet seine
Energie im Kreisen um sich
selbst.

24 Wenn Du unter Stress leidest: Halte einfach einmal inne und schau auf dich!
Lächle dir selbst zu und entspanne dich,
spüre dich selbst. Dann wirst du merken: Es ist doch alles nicht so wichtig.
Sei einfach ganz im Augenblick.

25 Ich muss nicht alle Probleme
lösen. Ich schaue mir an, was
kommt, und vertraue darauf,
dass Gott alles zum Besten lenkt
und mir auch Ideen eingibt, die
eine Lösung aufzeigen.

26 Genieße den Augenblick: Ich bin gerade in dem, was ich tue, ohne auf die Uhr zu schauen, was mich in der nächsten Minute erwartet. Wer seine Zeit so erlebt, der fühlt sich nicht zerrissen. Er ist immer dort, wo er gerade steht, in dem Augenblick, in dem er gerade lebt.

27 Wenn ich im Rhythmus meines Leibes und meiner Seele lebe, bin ich im Einklang mit mir. Ich habe nicht den Eindruck, gehetzt zu sein. Ich lebe gut. Und es geht mir durchaus viel von der Hand. Ich arbeite genügend. Aber ich bin nicht Sklave der Arbeit.

28 Müdigkeit darf sein: Die Müdigkeit ist die Einladung, mich zu erholen, mir das zu holen, was ich jetzt brauche: Muße, Schlaf, Gespräch, Musik oder einen Gang in die Natur.

29 Ich kann mich in die Sonne stellen und mir vorstellen: Die Sonne dringt in meinen Leib ein und erfüllt ihn mit Liebe. Ich kann die Sonne an meiner Haut, in meinem Leib spüren. So kann ich mir vorstellen, dass mit der Sonne der Geist Gottes in mich eindringt und die Glut der Liebe in mir neu entfacht. Es ist eine Glut, die nie ausgeht. Sie erfüllt mich mit Liebe, Wärme, Lebendigkeit und Freude.

30 Was verbindet dich mit den Menschen, die du liebst? Ein frisch verheiratetes Paar fragte den Meister: „Was sollen wir tun, damit unsere Liebe von Dauer ist?" Der Meister antwortete: „Liebt gemeinsam andere Dinge."

31 Ich bin
so, wie ich bin.
Ich darf so sein.

Juni

Ein Monat des Wachstums.
Und eine Zeit der Achtsamkeit.
Wir sollen auch in unserer
Seele darauf achten,
wo etwas wachsen und
wo etwas abnehmen will,
wo wir etwas zulassen und
etwas loslassen sollen.

1 Juni: der Monat, an dem die Tage – anfangs kaum merklich – zunächst noch zunehmen und dann wieder kürzer werden.
Achte auf die zunehmenden Tage, genieße bewusst, dass es so lange hell bleibt.

2 Was die aufgehenden Blüten in der Natur an Verheißung in sich getragen haben, geht jetzt auf. Die Fülle des Lebens, die wir geahnt, ersehnt und erwartet haben, wird sichtbar und belebt uns selber auf eine ganz elementare Weise.

3 Achten wir auch in uns darauf, wo etwas wachsen und wo etwas abnehmen will, wo wir etwas zulassen und etwas loslassen sollen. Achten wir auf den inneren Rhythmus unserer Seele, um nicht gegen unsere Natur zu leben.

4 Ganz im Augenblick sein:
   Was ich tue, verrichte ich achtsam.
   Wenn ich jemandem begegne,
   bin ich bewusst ganz bei ihm.

5 Achtsam sein in allem, was wir tun:
   Wenn wir morgens aufstehen, wenn
   wir zur Arbeit gehen und immer
   wieder tagsüber. Unser Leben wird
   dann intensiver und reicher.

6 Achte auf das, was du sagst. Unsere
   Worte müssen aus dem Herzen kommen.
   Und sie müssen aus dem inneren Raum
   unserer Seele treten, in dem die Glut des
   Heiligen Geistes brennt.

7 Wenn wir in uns Leere spüren: Erlauben wir uns einfach, diese Leere Gott anzubieten. Auch wenn wir nichts anzubieten haben als diese Leere: Vielleicht wächst die Ahnung, dass wir mit unserer Leere in Gottes guter Hand sind, dass Gottes Hand uns trägt.

8 Freude kostet nichts, außer Aufmerksamkeit: Da sind die vielen kleinen Dinge, über die wir uns täglich freuen können:
den erfrischenden Morgen,
die aufgehende Sonne,
den Menschen, der mir freundlich begegnet und mich anstrahlt.
Es braucht nur offene Augen.

9 Auch wenn meine Arbeit nicht immer zufriedenstellend sein mag: Ich kann sie auch so gestalten, dass ich daran Freude finde.

10 Einfach leben: die Bereitschaft, sich jetzt gerade auf diesen Augenblick einzulassen, genügt, um Freude zu erfahren.

11 Freude verbindet uns.
Freude drängt uns,
sie mit anderen zu teilen.
Geteilte Freude ist doppelte Freude.
Freude schafft Beziehung.
Sie schenkt uns Lebendigkeit.
Und sie stärkt unsere Gesundheit.

12 Freude lässt den Puls schneller schlagen. Sie bringt die Energie im Menschen zum Fließen. Alles geht uns schneller von der Hand. Freude schenkt dem Leben Leichtigkeit. Sie nimmt ihm das Angestrengte. Die Erdenschwere schwindet.

13 Genießen heißt: ganz in der Gegenwart sein. Wer ständig vergleicht, kann das, was er gerade erlebt, nicht mit allen Sinnen genießen. Sein ständiges Vergleichen hindert ihn daran, sich auf das einzulassen, was gerade ist.

14 Die Freude drängt uns, etwas anzupacken. Sie ist eine wichtige Triebfeder der Kreativität. Wer aus Freude arbeitet, der wird nicht so leicht erschöpft. Ihm wird alles, was er tut, zur Freude. Er erfährt die Arbeit nicht als Last, sondern als etwas, das ihm Freude bereitet.

15 Goethe sagt: „Die beste Freude ist das Wohnen in sich selbst." Wenn die Seele gerne im Leib wohnt, wenn ich bei mir selbst zu Hause bin, dann bin ich auch von Freude erfüllt.

16 Jedem Augenblick kannst du neu anfangen. Nimm dein Leben an, so wie es ist, pack es an, forme es.

17 Wer ständig beschäftigt ist, wer sich in die Arbeit flüchtet, der hat nicht nur keine Zeit zur Freundschaft, sondern er wird auch unfähig, einem anderen Freund zu sein.

18 Echte Freundschaft zeichnet sich durch innere Freiheit aus. Ich kann frei atmen. Und ich lasse auch dem Freund den Freiraum, den er für sein Leben braucht.

19 Von einem anderen Menschen allein hängt nicht das ganze Glück ab. Ich kann auch in mir selber Liebe spüren, Lebendigkeit, Frieden. Ich kann auch allein für andere zum Segen werden.

20 Suche auch heute die Stille – und sei für nur einen bewussten Moment still. Zieh dich vom Lärm zurück, der dich außen umgibt. Und versuche, den inneren Lärm abzuschalten, der in dir selbst ist.

21 Sommeranfang: Die Sonne genießen. Sie vertreibt mit ihren Strahlen auch aus uns alle Kälte. Sie hellt die Dunkelheit auf und sie erfüllt uns mit Wärme.

22 Erlebe die Natur bewusst als Schöpfung Gottes, dann kann sie ein wichtiger Ort der Gotteserfahrung werden. Wenn wir einen Sonnenuntergang betrachten, schauen wir in diesem Schauspiel immer etwas von der Schönheit Gottes.

23 Wenn ich durch die Natur wandere, die frische Luft einatme, den Duft der Blumen wahrnehme, das Leben spüre, das alles durchdringt, dann spüre ich: Auch in mir ist Lebendigkeit, Frische, Schönheit, Kraft. Der Geist Gottes, der die Schöpfung durchdringt, ist auch in mir und durchströmt mich.

24 Sonnenwende: Ein Tag, der uns einlädt, die verschiedenen Wendezeiten unseres Lebens zu bedenken und Gott zu bitten, dass er in unserem Leben alles zum Guten wende.

25 Die Natur bewertet nicht. In der
Natur dürfen wir sein, wie wir
sind. Da fühlen wir uns zugehö-
rig. Wenn ich mich auf eine Som-
merwiese lege, fühle ich mich
getragen, geborgen, letztlich
von Gottes mütterlicher Hand
gehalten.

26 Ungetrübte Freude an der Natur erleben:
Alles, was wächst und blüht, ist schön.
Alles darf so sein, wie es ist.

27 Nimm dir etwas Zeit, spazieren
zu gehen. Versuche, das Gehen
als inneren Weg erfahren, als Weg
auf ein Ziel hin, das größer ist als
das, was du vor Augen hast.

28 Wenn ich versuche, ganz gegenwärtig zu sein, dann freue ich mich einfach am Sein. Ich bin, also freue ich mich.

29 Atme ganz bewusst: Erlebe deinen Atem als Quelle der Freude. Im Atem atme ich Freude ein, Leben, Liebe, Klarheit, Frische. Ich genieße es, jetzt nichts tun zu müssen. Ich sitze da, atme, schaue, höre, rieche. Ich bin im Einklang mit mir selbst.

30 Auf die Sehnsucht hören: Ohne Sehnsucht verliert der Mensch seine Spannung. Er wird gleichsam wie abgestandenes Bier. Es schmeckt nicht mehr. Die Sehnsucht gibt dem Leben einen guten Geschmack.

Juli

Ausruhen gehört zum Leben.
Genieße die Sonne
und die Schönheit der Schöpfung,
die in jetzt voll in Blüte steht.

1 Das Ziel des Lebens ist nicht, möglichst viel zu arbeiten, sondern zu leben. Leben heißt aber nicht, möglichst viel erleben und sich nach der Arbeit dem Vergnügen widmen.

2 Ausruhen, die Muße genießen: Darin liegt die Würde des Menschen.

3 Die Ruhe beginnt in der Seele. Zuerst muss das Innere in uns zur Ruhe kommen. Dann wird sich die Ruhe auch auf den Leib auswirken.

4 Die Fähigkeit, zu leben, hat mit der Fähigkeit zu tun, ganz im Augenblick zu sein, ganz bei mir und in mir zu sein. Viele sind auch im Urlaub auf der Flucht vor sich selbst. Sie hetzen von einem Ort zum anderen, um vor sich selbst davonzulaufen.

5 Sich erholen heißt: sich das holen, was wir für unser Leben und für unsere Seele brauchen. Es heißt: sich erlauben, ganz wir selbst zu sein, frei von allen Erwartungen unserer Umgebung, das Leben zu genießen und so wahrhaft zur Ruhe zu kommen.

6 Es liegt an mir, die schönen Dinge des Tages auch wahrzunehmen. Freude als Haltung ist eine Kraftquelle, aus der wir in unserem Miteinander schöpfen.

7 Die Natur lädt uns ein, alles, was auch in uns wächst, mit einem Auge anzuschauen, das nicht bewertet, sondern in allem die göttliche Schönheit entdeckt. Und sie lädt uns ein, Gott zu danken für alles, was er uns täglich in der Schöpfung schenkt.

8 Leib und Seele gehören zusammen. Sie hören aufeinander. Und wir sollten sowohl auf die Seele als auch auf den Leib hören. Der Leib will uns darauf aufmerksam machen, wo wir auf unsere Seele zu wenig geachtet haben.

9 Das Sonnenlicht – eine der besonderen Freuden des Sommers. Es erhellt unsere Stimmung und stimuliert unseren Leib.

10 Lass dich los. Du darfst so sein, wie du bist. Ruhe dich erst einmal aus. Dann kannst du wieder ein Stück des Weges gehen, den du dir vorgenommen hast.

11 Genieße die Ruhe. In ihr kommst du mit dir in Einklang. Wenn du mit dir im Einklang bist, dann bringt dich nichts mehr aus der Ruhe.

12 Achte bewusst auf den Raum zwischen Ausatmen und Einatmen. Da ist ein Augenblick, in dem ich weder einatme noch ausatme. Wer diesen Augenblick bewusst wahrnimmt, bei dem lösen sich alle Verkrampfungen. Er überlässt sich dem Leben.

13 Suche jeden Tag, dich zu bewegen. Bewegung tut gut. Die Bewegung lässt uns nicht nur unseren Körper intensiver spüren, sie tut auch unserer Seele gut. Bewegung ist Leben.

14 Die Erfahrungen, die wir in der Natur machen, sind deshalb so heilsam für uns, weil sie uns neu und intensiv bewusst machen: In der Schöpfung Gottes ahnen wir etwas von der unerschöpflichen Fülle des Lebens, an der wir teilhaben dürfen.

15 Wer rastlos tätig ist und nie zur Ruhe kommt, der ist in Gefahr, vor sich selbst davonzulaufen.

16 Das Ziel des rechten Maßes ist die Ruhe der Seele, die innere Ausgeglichenheit, der Einklang mit mir selbst. Doch das erreiche ich nur, wenn ich alles in mir richtig ordne.

17 Befreunde dich mit der Stille. Stille bedeutet: Alles darf sein. Wir haben teil am Sein. Wir sind einfach. Wir sind eins, mit allem eins.

18 Die Seele braucht Flügel, Leichtigkeit und Weite. Wer ihre Flügel stutzt und ihren Raum einengt, der nimmt der Seele ihre Kraft.

19 Sei dir selbst Freund. Nur wenn ich mit mir in Berührung bin, kann ich mit anderen Menschen in Berührung kommen.

20 Freundschaft ist kostbar.
Freundschaft kann man nicht machen.
Sie ist immer ein Geschenk.

21 Wir sollten darauf achten, etwas wirklich Gutes für Leib und Seele zu tun. Was dient meiner Erholung tatsächlich? Wodurch gewinne ich neue Kraft?

22 Genieße die Sonne: Lass sie tief ins Herz fallen. Und lass Freude am Leben, die innere Sonne, in dir wachsen. Sie ist eine Kraft, die dich auch durch dunkle Tage begleiten kann.

23 Versuche,
jeden Tag mehr
du selbst zu werden.

24 Die Zeit ist etwas Kostbares. Wenn wir die Zeit spüren, dann ist es eine kostbare, eine angenehme Zeit. Ganz gleich, was in diesem Augenblick ist: das Zwitschern der Vögel oder das Schreien der Kinder, es ist immer eine gute Zeit. Wir hören dann die Vögel und die Kinder und freuen uns. Wir hören das Leben selbst aus ihnen heraus.

25 Wer sich nur die Zeit vertreibt,
der vertreibt auch die schöne
Musik, die in der Zeit erklingt,
der vertreibt die Süße der Zeit,
die Schönheit des Augenblicks.

26 Leben ist Bewegung. Wer stehenbleibt,
erstarrt. Wir rasten zwar auf unserem
Weg. Aber die Rast ist immer nur be-
grenzt. Dann müssen wir wieder aufbrechen. Wir gehen auf ein Ziel zu.

27 Leben heißt: ganz im Augenblick
sein und das tun, was dem Herzen
entspricht.

28 Ganz im Augenblick sein: Mich vergessen können, das ist die Gnade aller Gnaden. Das ist der königliche Weg zum Glück.

29 Lass dich einladen, mitzusingen, wenn die ganze Schöpfung singt. Dann wird auch dein Herz weit und voller Freude.

30 Alles, wonach ich mich sehne, ist schon in meinem Herzen. Es geht darum, vor dieser Wahrheit nicht davonzulaufen, sondern innezuhalten und sich ihr zu stellen

31 Zur Ruhe
kann nur der kommen,
der bereit ist,
sich selbst anzunehmen,
wie er ist.
Wir sollten nicht
vor uns selbst davonlaufen.

August

Spätsommer: Zeit der Freude und Muße.
Wir brauchen diese ruhige Zeit,
um in die eigene Seele hineinzuhorchen.
So kommen wir mit der Freude in Berührung,
die in uns ist und uns immer mehr durchdringen möchte.

1 Beginne schon am Morgen damit, den heutigen Tag positiv zu sehen, ihn als Geschenk von Gott anzunehmen.

2 Wozu sind wir auf der Welt? Die Antwort ist ganz einfach: Unsere Aufgabe ist es, in unserem Leben diese Welt mit unserer Person ein wenig heller und wärmer und menschlicher zu machen.

3 Wir sind einmalig. Es geht nicht darum, besser oder stärker oder intelligenter zu sein oder besser auszusehen als die anderen. Es geht vielmehr darum, in Einklang mit uns selbst zu kommen.

4 Der Mensch ist zum Glück geboren. Wenn wir die Natur mit wachen Sinnen wahrnehmen, erkennen wir unser Wesen, das von innen her diesem Glück entgegenstrebt.

5 Das eigentliche Ziel meines Lebens besteht nicht darin, möglichst viel zu leisten, sondern darin, meine ganz persönliche Lebensspur in diese Welt einzugraben. Und um diese Spur zu entdecken, brauche ich Zeit und Stille.

6 Lärm ist wie Schmutz und Staub. Schweigen ist wie ein Bad der Seele. Wir brauchen nicht nur Hygiene für den Leib, sondern auch für die Seele.

7 Für Beziehungen sollte man sich Zeit nehmen. Eine wirkliche Beziehung wächst nur, wenn man Zeit für sie hat. Das gilt für eine Liebesbeziehung genauso wie etwa im Verhältnis zu alten Menschen oder in Freundschaften.

8 Das Glück möchte man teilen. Sonst wird es schal. Manchmal genügt es schon, dem anderen zu zeigen, wie schön der Wald in der Sonne leuchtet oder wie da hinter den Wolken ein Gipfel hervorlugt.

9 Gönn dir Zeit für dich selbst.
Erlaube dir, so zu sein, wie du bist.
Geh gut mit dir selbst um,
tu dir etwas Gutes.

10 Steige aus dem Erwartungsdruck der Menschen aus. Gleich, was die anderen von mir wollen: Ich darf mir erlauben, mein eigenes Leben zu leben, ohne Rücksicht auf das, was nützlich ist oder was Geld bringt.

11 Wir brauchen die Erlaubnis, einfach zu sein, einfach zu leben. Sonst definieren wir uns nur noch von unserem Dienstverhältnis, von einer Funktion oder von einer Rolle her, die wir in der Gesellschaft spielen.

12 Abstand zur Arbeit zu finden tut gut. Solange wir innerlich aufgewühlt sind, können wir die Energie nicht wahrnehmen, die in uns strömt. Es braucht die Ruhe, um die Kraft zu entdecken, die in uns liegt.

13 Gönn dir immer wieder die Stille, damit sich alles Trübe in dir setzen und dann langsam ausgeschieden werden kann. Seit jeher haben die Menschen die Stille als ein Heilmittel für die Seele erfahren. In der Stille kann sich all das in uns setzen, das uns aufgewühlt und unsere Seele eingetrübt hat.

14 Freude ist der Anfang des Glücks und der Ausdruck von erfülltem Leben.

15 Freude entspringt aus der positiven Bewertung der Dinge. Wenn ich alles um mich herum negativ bewerte, werde ich mich auch nicht freuen können.

16 Freude kann ganz einfach sein: die Sonne wahrnehmen, die den Tag erhellt, die frische Morgenluft spüren. Es gibt tausend Kleinigkeiten, die Leib und Seele erfreuen.

17 Ein gelassener Mensch ist wie ein Baum, der vom Wind zwar hin- und herbewegt wird, der aber dennoch fest in der Erde steht. Er ruht in sich. Eine Krise kann ihm nichts anhaben.

18 Gelassenheit ist oft nicht einfach. Das gerade auch im Tun zu üben, das ist die eigentliche Kunst.

19 Lass die Dinge, wie sie sind.
Lass deine Vorstellungen los.
Dann blühen die Dinge auf.

20 Wer die Freude bis auf ihren
Grund auskostet, der berührt Gott.

21 Innerer Friede ist die Voraussetzung, dass ich mich für diese Welt
engagiere.

22 Damit unser Tun fruchtbar wird, braucht
es den Rückzug ins Gebet, in die Kontemplation und die Stille. Das ist etwas ganz
anderes als ein Sich-Wegducken vor den
realen Erfordernissen des Lebens.

23 Das Beten führt mich immer näher an Gott heran. Aber es bringt mich auch in Berührung mit meinem eigenen Wesen, das mir in der Tiefe meiner Seele oft genug verborgen bleibt.

24 Glück ruht auf dem Grund unseres Herzens in uns selbst. Es ist wie ein See. Nur wenn er ganz ruhig ist, spiegelt sich in ihm die Schönheit der Welt. Nur wenn wir stillstehen, spiegelt sich in uns die Herrlichkeit, die uns umgibt. Dann spüren wir die Freude, die in uns liegt.

25 Worum es eigentlich in unserem Leben geht, ist dies: fähig zu werden, unser eigenes Leben zu leben, damit es zu einer nährenden Quelle für andere wird.

26 Das Glück, das mir ein Mensch schenkt, das Glück, das ich durch das Gelingen des Lebens erfahre, ein glückliches Erlebnis durch die Erfahrung der Schönheit in der Kunst oder in der Schöpfung, all das hat immer auch einen größeren Horizont. In all dem Glück liegt die Verheißung eines unzerstörbaren und bleibenden Glücks.

27 Schenk den Menschen deiner Umgebung dein Wohlwollen. Der wohlwollende Blick eines anderen verwandelt uns. Ein anderer Mensch kann etwas aus uns herauslieben, was vorher verborgen in uns geschlummert hat.

28 Liebe weckt in uns eine Kraft,
die uns unser eigenes Geheimnis
entdecken lässt.

29 Sei gelassen, und du wirst einen
tiefen inneren Frieden spüren. Du
wirst immer freier vom Zwang,
alles nach deinen Vorstellungen
ändern zu müssen.

30 Wenn wir jeden Tag als Geschenk aus
Gottes Hand erleben, werden wir jeden
Tag neu gesegnet wissen, ganz gleich,
wie er sich am Morgen in unserem
Herzen anmeldet.

31 Jeder Tag ist ein Geschenk.
Wir können das, was Gott uns Tag
für Tag schenkt, nur genießen,
wenn wir bereit sind,
loszulassen und uns immer
wieder auf das Neue einzulassen.

September

Zu unserem Leben
  gehören immer
Höhen und Tiefen,
    Licht und Schatten.
  Seien wir dankbar für beides.
      Denn an beidem lernen wir:
am Sieg und an der Niederlage.

1 Spüre in dich hinein. Erspüre, was für dich stimmt. Lebe nach deiner eigenen Stimmigkeit. Richte dich nicht nach den anderen. Lebe so, wie es dir zuinnerst gemäß ist.

2 Höre was das Herz dir sagt. Stell dich deiner inneren Wahrheit.
„Die Wahrheit wird euch freimachen." (Joh 8,32) Dieser Satz Jesu ist Bedingung, dass wir zur Ruhe finden.

3 Manchmal ist Scheitern ein Zeichen dafür, dass wir uns ein Bild von uns gemacht haben und dieses Bild in unserem Leben verwirklichen wollten, das unserem innersten Bild, das Gott sich von uns gemacht hat, nicht entsprach. Scheitern ist auch die Chance, in dieses einmalige und einzigartige Bild Gottes in uns hineinzuwachsen.

4 Nur wenn wir unsere eigene Wahrheit an-
schauen können, im Vertrauen, dass sie von
Gott angenommen ist, können wir wirklich
zur Ruhe finden.

5 Ich muss in meinem Leben gar nicht
perfekt sein. Ich tue das, was in
meiner Kraft liegt. Aber ich bin auch
mit meiner Schwäche in Gottes
Hand. Gott wird mich nicht fallen-
lassen.

6 Arbeite an deinen Schwächen. Aber verbei-
ße dich nicht in sie. Lass sie los. Wenn Gott
dir vergibt, darfst auch du dir vergeben. Sei
barmherzig mit dir selbst.

7 Wir können uns in unser Unglück
   hineinsteigern und am Sinn unseres
   Lebens zweifeln, oder wir können es
   als Herausforderung nehmen, an der
   wir wachsen können. Das Glück liegt
   in unserem Herzen. Wir haben die
   Wahl.

8 Wer nur fastet, der richtet sich zugrunde.
   Wer nur genießt, der verliert
   bald die Fähigkeit zu echtem Genuss.
   Gleichgewicht ist nie statisch.
   Es ist vielmehr ein Fließgleichgewicht,
   das immer neu gefunden werden muss.

9 Beides ist wichtig: die Bewegung und
   die Ruhe, das Gebet und die Arbeit. Nur
   wenn ich diese Pole in mir gut verbinde,
   lebe ich auf Dauer gesund.

10 Gesund leben heißt: Gehe nachhaltig und nicht nachlässig mit deinen Kräften um.

11 Verbinde Zeiten der Stille und Zeiten der Arbeit. Das verändert auch die Arbeit. Sie wird dann weniger erschöpfend.

12 Suche dir bewusst Zeiten der Stille und Ruhe. In einer hektisch lärmenden Welt braucht es die Ruhe, um die Kraft zu entdecken, die in uns liegt. Menschen, die die Stille erfahren, werden wieder gestärkt für den Alltag.

13 Im Gebet dürfen wir den Raum der Stille in uns erahnen, in dem auch das Leid der Welt zum Schweigen kommt. Es ist der Raum, in dem wir mit dem Nachdenken und Grübeln über das Leid aufhören dürfen, weil dort Gottes Wirklichkeit so mächtig ist, dass alles andere verstummt.

14 Die Kunst besteht darin, mitten in der Arbeit aus der inneren Ruhe heraus zu wirken, aus einem Raum der inneren Stille, der in uns ist.

15 „Bete und arbeite" meint: Mitten bei der Arbeit soll ich mir immer wieder bewusst machen, dass nicht ich alles tun muss, sondern dass ich aus der inneren Quelle des Heiligen Geistes schöpfe.

16 Achte auf deine Emotionen. Das macht
sensibler, ehrlicher und freier. Wir bewerten die Emotionen nicht. Wir achten auf
sie, suchen sie zu verstehen. Wir *haben*
dann Emotionen und lassen uns von ihnen
bewegen. Aber wir werden nicht von ihnen bestimmt oder beherrscht.

17 Wir haben die Emotionen – nicht
die Emotionen haben uns. Die
Emotionen wollen uns zu größerer
Lebendigkeit führen und letztlich
zum Ziel unseres Lebens: zu Gott.

18 Verwandle deine Angst. Wer sich die Angst
verbietet, der wird sie nicht los. Wer mit
ihr redet, für den wird sie zu einer Quelle
des Lebens.

19 Im Innersten sind wir unverletzlich. Dort, wo Gott in uns wohnt, dort, wo wir ganz wir selbst sind, wo unser göttlicher Funke ist, dort kann uns niemand wirklich gefährden.

20 Jetzt, in diesem Augenblick lebe ich vor Gott. Und jetzt bin ich von seiner Liebe umfangen. Das genügt.
Was war und was kommen mag, kümmert mich nicht und bereitet mir keinen Kummer.

21 Mit der Freude kommen wir nicht nur in Berührung, indem wir uns an die vergangenen Erfahrungen erinnern. Sie ist jetzt in uns. Und es kommt darauf an, an diese innere Quelle zu glauben und sie ins Bewusstsein zu heben.

22 Herbstanfang: Der Herbst lädt uns ein,
vieles Äußere loszulassen, damit die
Seele atmen kann.
Unser Leben ist ein ständiges Werden
und Vergehen, ein Loslassen und
Neuwerden. Nur wer sich loslässt,
wird sich selbst gewinnen.

23 Wir meinen, wir müssten unsere
Gesundheit festhalten, oder
Dinge, die wir im Haushalt
angesammelt haben, oder unser
Geld, oder unsere Gewohnheiten. Die Bibel lädt uns immer
wieder ein, unser Ego loszulassen. Jesus mahnt uns: „Was nützt
es dem Menschen, wenn er die
ganze Welt gewinnt, dabei aber
sein Leben (grch. psyche = Seele)
einbüßt?" (Mk 8,36)

24 Wir können außen noch soviel erreichen, wenn wir die Beziehung zu unserer Seele verlieren, nützen weder Erfolg noch Anerkennung noch Besitz etwas. Es kommt darauf an, mit unserer Seele in Berührung zu kommen.

25 Wir sollten mit einem milden Blick auf uns schauen, auf unsere Stärken und Schwächen, auf unsere Vergangenheit und auf die Vergangenheit anderer: auf alles, was menschlich ist.

26 Wir wissen nicht, was die Zukunft bringt. Und es hilft nicht weiter, die Vergangenheit Stück für Stück abzuarbeiten. Lass sie los. Lass dich auf den Augenblick ein.

27 Überlege ganz bewusst: Wo habe ich mich als Kind gefreut? Und wie habe ich dieser Freude Ausdruck gegeben? Die Erinnerung an diese Erfahrungen führt mich zurück in die Gegenwart, ins Jetzt: Sie tut mir heute gut und wirkt heilend auf meine jetzigen Wunden.

28 Das Glück ist in uns. Zu rennen und sich abzuhetzen bringt nichts. Es bleibt uns nur eines: stehenzubleiben und uns mit dem anzufreunden, was in uns ist.

29 Erst wenn das Innere klar wird, finden wir Ruhe in uns selbst, können wir es bei uns selbst aushalten. In sich ruhen, in seiner Mitte ruhen, das ist die Voraussetzung auch für die äußere Ruhe.

30 Ein Glück, das nicht mit anderen geteilt werden kann, ist zu klein, um uns wirklich glücklich zu machen. Das Glück, das ich festhalten, das ich für mich allein reservieren muss, ist kein wirkliches Glück.

Oktober

Das Licht des Oktobers.
Der Geruch des Herbstes.
Die Farbenpracht der Natur.
Leuchtende Buntheit.
Entdecke die Farbigkeit deines Lebens.
Sei dankbar und gelassen.

1 Herbstzeit – Erntezeit. Das Äußere ist immer Bild für das Innere. Die Ernte in der Natur stellt uns die Frage: Wie weit bringt mein Leben eine gute Ernte ein? Was ist in mir in diesem Jahr gewachsen?

2 Schau auf dich und auf die anderen Menschen mit Milde, wie es die herbstliche Sonne tut.

3 Spüre den Geruch des Herbstes. Denke darüber nach, welchen „Geschmack" du mit meinem Leben bei anderen hinterlassen wirst?

4 Je älter wir werden, desto klarer wird, was
in uns authentisch ist und was nicht, was in
uns wirklich zum Segen geworden ist und
was nur Effekthascherei war. Die Stunde
der Ernte ist die Stunde der Wahrheit.

5 Alle Gaben, die Gott uns geschenkt
hat, unsere Begabungen und Fähigkeiten sollen wir miteinander teilen.
Nur wenn wir sie teilen, bleiben sie
lebendig und frisch, so dass sie uns
gemeinsam zu nähren vermögen.

6 In jeder Liebe
ist etwas Lauteres und Reines.
In jeder menschlichen Liebe
ist etwas von der reinen Gottesliebe.

7 Das Herz sieht gut. Und indem es gut sieht, entdeckt es das Gute im anderen. Wer mit einer schwarzen Brille auf den anderen sieht, wird nur das Dunkle in ihm wahrnehmen. Das Lichte und Helle, das Gute und Milde wird er übersehen.

8 Die Dankbarkeit lehrt mich, all das dankbar anzunehmen, was Gott mir geschenkt hat, aber auch bereit zu sein, es loszulassen, wenn er mich dazu auffordert. Dankbarkeit befreit und führt zur Gelassenheit.

9 Wenn ich den Wert des anderen dankbar anerkenne, verbindet mich das mit ihm. Ich bin nicht sein Konkurrent und er nicht meiner. Jeder Mensch hat genügend Grund, dankbar zu sein.

10 Dankbarkeit gibt dem Leben
Leichtigkeit und Humor, Gelassenheit und innere Freiheit.
Und sie öffnet die Augen für
den Reichtum des Lebens.

11 Dankbarkeit ist eine Bedingung dafür,
dass ich dem anderen wirklich begegnen
kann. Sie ist der Resonanzboden, auf dem
Gespräche und Begegnungen gelingen.

12 Freude spüren: Das macht mich
gegenwärtig. Freude bringt mich
in die Nähe meiner selbst und in
die Nähe des gegenwärtigen Au-
genblickes. Freude ist Ausdruck
des reinen Seins, der klaren Gegenwart.

13 Immer wieder einmal kurz innehalten.
Nach innen gehen heißt: Ich lasse mich
nicht von den äußeren Dingen bestim-
men. Indem ich im Inneren einen Raum
von Freiheit und Weite erfahre, gewinne
ich Halt.

14 Jeder Mensch hat genügend Grund,
dankbar zu sein. Ich bin nicht nur
dankbar für das, was Gott mir geschenkt hat, sondern auch für die
Menschen, die er mir geschenkt
hat, und für die Menschen, denen
er viele Gaben mitgegeben hat, die
ich bei mir nicht finde. Ich muss
nicht alles in mir haben. Es ist
schön, bei anderen etwas bewun-
dern zu können, was uns selbst
fehlt.

15 Ein Mittel gegen Neid: Ich freue mich an dem Reichtum, den ich in anderen Menschen finde. Die Fülle der Farben des Lebens wird erst in der Gemeinschaft mit anderen erfahrbar.

16 Verzichte heute darauf, über dich selbst und über andere zu urteilen. Und du wirst sehen: Unser Leben ist schön und wertvoll.

17 Verabschiede dich von übertriebenen Erwartungen. Söhne dich mit deiner Durchschnittlichkeit, mit deinen Grenzen aus. Dann kannst du auch all das Positive sehen, das Gott dir geschenkt hat.

18 Verzichte darauf, dich mit anderen zu vergleichen. Solange wir uns mit anderen vergleichen, entdecken wir immer vieles, das andere haben und das uns selbst fehlt.

19 Wer mit sich selbst in Berührung kommt, wird unabhängig von den anderen und kommt leichter in Frieden mit sich selbst.

20 Sich selbst zu verzeihen ist wichtig. Das heißt, sich von der Illusion zu verabschieden, wir könnten fehlerlos und perfekt durchs Leben gehen.

21 Vertrau auf die Quelle der Kraft, die in dir ist. Wer aus ihr schöpft, wird nicht ausbrennen, denn sie ist unerschöpflich. Wir können aus dieser inneren Quelle allerdings nur schöpfen, wenn wir das eigene Ego loslassen.

22 Lass dich einfach auf das Leben ein, vertraue darauf, dass du aus dieser inneren Quelle heraus lebst. Wer aus dieser Quelle schöpft, kann sich den Herausforderungen des Alltags stellen, auch wenn er nach außen hin müde ist.

23 Gott hat uns ins Dasein gerufen. Wir antworten auf diesen Ruf mit unserem Leben, indem wir es verantwortlich leben, indem wir das einmalige Bild, das Gott sich von jedem von uns gemacht hat, sichtbar werden lassen.

24 Verantwortlich leben heißt: Es kommt auf mich an, was ich aus dem mache, was ich mitbekommen habe.

25 Nur wer die Verantwortung für sich selbst und für sein eigenes Leben übernimmt, wird fähig werden, auch für andere Menschen und für diese Welt Verantwortung zu übernehmen.

26 Es ist gesund, auf die Weisheit seiner Seele zu vertrauen. Wenn ich gegen die Weisheit der Seele lebe, dann werde ich rastlos und letztlich krank.

27 Lass dich von der Schönheit der Welt im Herzen berühren. In der Schönheit der Blume ist die Schönheit des Seins zu entdecken – letztlich die Schönheit Gottes. Oder beim Hören von Musik: Durch die Töne wirst du hineinge-führt in den ewigen Klang, der seit Urzeiten in der Schöpfung erklingt.

28 Gelassen werden. Der schönste Rat zur Gelassenheit ist zu einem geflügelten Wort geworden und stammt von einem Heiligen, von Don Bosco: „Fröhlich sein und die Spatzen pfeifen lassen!"

29 Gelassen werden. Auch das Wesen jedes Gebetes ist letztlich: „Dein Wille geschehe!"

30 Nur wenn wir uns dem inneren Reichtum unserer Seele stellen, wenn wir uns Zeit lassen und bereit sind, still zu werden und auf Gottes leise Impulse zu hören, bleiben wir lebendig. Nur durch Loslassen finden wir zur Gelassenheit.

31 Aufhörenkönnen ist eine Kunst: Es geht auch in meinem Leben immer wieder darum, etwas loszulassen, damit das Neue, das Gott uns zutraut, in uns wachsen kann.

November

November – Zeit der Stille
und Gelegenheit zur Begegnung.
Ein Monat, der durch
alle Stimmungen der Natur
die hellen und dunklen Seiten
unserer Seele anspricht und sie verwandelt.
Beide Seiten gehören zu uns,
sie gehören zum Leben.

1 Allerheiligen – ein Fest der Hoffnung. Es zeigt uns, dass auch unser Leben geheilt und geheiligt werden wird, wenn wir – wie die Heiligen – uns in unserer Brüchigkeit der heilenden Liebe Gottes aussetzen.

2 Allerseelen: Wenn wir unserer Verstorbenen gedenken, ist das nicht bloß Erinnerung. Es ist auch eine Einladung, die Gemeinschaft mit ihnen wahrzunehmen.
Wenn wir uns an einen lieben Verstorbenen erinnern: Was ist die Botschaft, die er durch sein Leben und sein Sterben an mich richtet?

3 Jeden Tag können wir uns fragen: Welche Spur möchte ich in dieser Welt hinterlassen? Wie möchte ich heute leben, wenn ich mir vorstelle, dass es mein letzter Tag wäre?

4 Mitten in der Vergänglichkeit geht es darum, mit seiner Seele in Berührung zu sein und so mitten in der Zeit die Ewigkeit zu spüren. Dann leuchtet in unsere Finsternis schon jetzt das ewige Licht. Der Tod kann uns nicht aus Gottes Hand herausreißen.

5 Aus der Liebe zu Gott können wir auch im Tod nicht fallen. Vielmehr werden wir im Tod für immer in Gottes Liebe hineinfallen und darin geborgen sein.

6 Wir werden im Tod in Gott hinein auferstehen. Aber die Auferstehung Jesu bezieht sich nicht nur auf das, was in unserem und nach unserem Tod geschieht. Wir feiern die Auferstehung Jesu, um jetzt schon vom Tod zum Leben aufzustehen.

7 Gerade weil unser irdisches Leben nur ein kurzer Augenblick ist, sollen wir es achtsam und bewusst leben. Es geht nicht darum, möglichst viel in dieser kurzen Zeit zu leisten, sondern möglichst intensiv zu leben.

8 Sei gut zu dir selbst
und öffne dein Herz für andere.
Wenn die Balance
zwischen beidem glückt,
dann wird dein Leben gelingen.

9 Sei wohlwollend – sowohl gegenüber dir selbst, als auch gegenüber anderen.

10 Anderen etwas gönnen: Im guten, milden und gütigen Umgang mit dem Nächsten sind wir gönnend. Wir wollen für den anderen, dass es ihm wohlergehe, dass sein Leben gesegnet sei.

11 Martinsfest: Martin, der Heilige der Nächstenliebe, der uns den Blick öffnen möchte für den, der in unserer Nähe friert, weil kein Mantel der Liebe ihn bedeckt.

12 In der Stille begegne ich meiner eigenen Wahrheit. Diese Begegnung ist nicht immer angenehm. Ich kann sie nur aushalten, wenn ich aufhöre, mich selbst zu bewerten.

13 Die Weisheit der Mönche überliefert einen Ausspruch von Abbas Poimen: „Ein Mensch, der schweigt, aber in seinem Herzen andere verurteilt, redet in Wirklichkeit ununterbrochen."

14 Nach Erasmus von Rotterdam besteht das Glück des Menschen darin, dass er der sein will, der er ist. Ich kann mich dazu entscheiden, gerne der zu sein, der ich bin.

15 Einsamkeit ist beides:
der Schmerz darüber,
allein zu sein,
aber auch die Chance,
tiefer in das eigene Herz
und in die eigene Seele
zu gelangen.

16 Freundschaft und Liebe vermögen den Menschen aus seiner Einsamkeit zu befreien und seinem Leben einen neuen und tieferen Sinn zu geben. Dabei wird die Einsamkeit nicht aufgehoben, sondern verwandelt. Echte Freundschaft und Liebe brauchen auch die innere Einsamkeit.

17 In der Freundschaft erfahren wir Heimat. Dort, wo Freunde sind, entsteht Heimat.

18 Freundschaft braucht Offenheit für den anderen. Wer seine Gefühle mit Aktivitäten zustopft, wird unfähig, sie mit dem Freund zu teilen. Wer aber nichts mehr zu teilen hat, kann keines Menschen Freund sein. Wir haben nichts als uns selbst. Dieses ganze Selbst müssen wir hingeben.

19 Gut zu leben heißt immer auch: in Beziehung leben. Wer nur um sich selber kreist, der tut sich selbst nichts Gutes. Wer andere liebt, bekommt die Liebe zurück.

20 Bleibe bei dir. Wenn wir auf die Ausstrahlung achten, die wir selbst haben, dann schaffen wir um uns herum eine andere Atmosphäre.

21 Schenke anderen deine Zuwendung. Das Glück dessen, dem man geholfen hat, strahlt auf den Helfer zurück.

22 Gehe liebevoll mit dir selbst um. Frage dich: Wo finde ich Orte der Geborgenheit, an denen ich ganz daheim bin, im Einklang mit mir selbst?

23 Achte auf deinen Leib. Viele betrachten ihren Leib wie eine Maschine. Sie soll vor allem funktionieren. Doch sie missachten die leisen Impulse ihres Körpers. Im Leib spricht Gott zu uns. Wenn ich das verinnerliche, dann gehe ich anders mit meinem Leib um.

24 Das Leben ist nicht einfach nur oberflächlich. Es hat Tiefe. Die dunkle Tiefe gehört auch zu mir. Auch das Gefühl der Traurigkeit kann eine Form von Lebendigkeit sein. Es kann in die eigene Tiefe führen und in eine eigene Weise des Lebendigseins.

25 Es ist gut, sich Zeit der Stille zu gönnen, in der wir uns einfach hinsetzen, auf unsere Seele und unseren Leib hören und uns fragen, ob das, was wir gerade leben, stimmig ist, und was es ist, das uns unter Druck setzt und niederdrückt.

26 Langsamkeit einüben: Suche dir jeden Tag einen kleinen Weg aus, den du bewusst langsam gehst. Das kann das Treppensteigen sein. Es kann der Weg zum Briefkasten sein, der Weg in den Garten. Spüre, was es heißt, ganz im Augenblick zu sein. Spüre, wie du in deinem Herzen ankommst.

27 Während unseres Lebens gilt es,
manches loszulassen,
damit Neues in uns werden kann.
Horche in Dich hinein,
was in Dir neu wachsen möchte.

28 Die Liebe wird dem Menschen zum Auge, das ihn sehen lässt. Wer glaubt und liebt, der ist wahrhaft weise. Er sieht die Wirklichkeit so, wie sie ist.

29 Die Hoffnung gibt niemals auf.
Sie vertraut auf das,
was sie nicht sieht.
Hoffnung macht
das Unsichtbare sichtbar.

30 In meiner Hoffnung
ist etwas Unsterbliches,
etwas Göttliches,
das auch den Tod überdauert.
Erwartung kann enttäuscht werden,
Hoffnung nicht.

Dezember

Zeit der Erhellung
unserer Dunkelheit.
Zeit der Verwandlung
unserer inneren Befindlichkeit.
In der Erfahrung der Stille
schöpfen wir neue Hoffnung,
dass alles neu werden kann,
dass alles gut wird mit uns.

1 Advent heißt: Damit wir Gottes Kommen spüren, müssen wir zuerst bei uns selbst ankommen. Nur wenn wir wirklich bei uns selbst sind, werden wir an Weihnachten das Kommen Gottes in der Geburt Jesu Christi als Erfüllung unserer Sehnsucht erfahren.

2 Der Adventskranz – Zeichen der Verheißung: Unser Leben, das oft genug zerrissen ist und auseinanderfällt, kann wieder ganz und rund werden.

3 In dir will immer wieder
Neues aufbrechen.
Die Ahnungen deiner Träume, die
leisen Impulse, die in deinem Herzen
in der Stille auftauchen, weisen dir den
Weg deiner Menschwerdung.

4 Barbarazweige:
Mitten in unserem Winter
möchte neues Leben aufblühen.
Alles Kalte wird aufgebrochen
und mitten im Winter
wird in uns eine Blume blühen.

5 Horch in der Stille in dich hinein,
achtsam auf das,
was da an neuen Möglichkeiten
in dir aufbricht.
Trau dem Neuen, das schon in dir ist.

6 Nikolaus –
ein Mensch, der ganz und
gar Liebe geworden ist,
ein Mensch, der Milde
und Güte ausstrahlt.

7 Lass dich von der Erstarrung und Kälte der Herzen nicht anstecken. Wenn wir unsere Herzen für die Liebe offenhalten, wird die Liebe auch uns für das blühende Leben öffnen.

8 Pack an und hilf,
wenn Menschen in Not sind,
zeige Mitleid,
hilf unauffällig.

9 Wir sind nicht nur ein Mensch der Erde, sondern auch ein Mensch des Himmels. In jedem von uns leuchtet der Stern, der über uns hinausweist auf den, der vom Himmel kommt und unsere tiefste Sehnsucht erfüllt.

10 Werden wie die Kinder:
Kinder können staunen.
Sie sind offen für das Neue.
Sie wollen selbst erkunden,
was das Leben ist.
Kinder lassen sich ein.
Sie können sich beim Spielen vergessen.

11 Einfach leben wie die Kinder:
Sie sind fähig, sich von
ganzem Herzen zu freuen.
Sie können ganz im Augenblick sein,
von Zwängen und Erwartungen lassen
sie sich nicht stören.

12 Geh mit offenem Herzen auf die
Menschen zu, ohne Nebenabsichten,
ohne Vorurteile. Trau deinem Gefühl.
Tu, was du von innen her erspürst.

12 Liebe dich selbst,
geh liebevoll mit dir um,
versöhne dich damit,
dass du so bist, wie du bist.

13 Sich selbst zu lieben ist etwas anderes, als um sich selbst zu kreisen. Es heißt: sich so zu lieben, wie man geworden ist und so zu werden, wie Gott uns ausgedacht hat.

14 Der Friede zu den Menschen
entspringt der Erfahrung meines
inneren Friedens.
Friede, der in mir ist,
breitet sich von alleine aus.

15 Du bist wertvoll und einmalig. Gib dich nicht damit zufrieden, dich nur abzusichern und dich einzurichten.

16 Das ursprüngliche Bild, das Gott sich bei deiner Geburt von dir gemacht hat, strahlt mitten in der Nacht deines Lebens so hell auf wie ein Stern. Du bist etwas Einmaliges und Besonderes. Auch in dir geschieht das Wunder der Weihnacht.

17 Advent heißt achtsames Warten: In uns ist der Geist Gottes, der uns in jedem Augenblick erneuert und Neues in uns bewirkt. Es braucht Achtsamkeit, damit diese Neue auch wachsen und Gestalt annehmen kann.

18 Suche die Stille.
Nimm dir bewusst Zeit dafür.
Komm mit deiner Sehnsucht
in Berührung.

19 Erkennen und lieben sind eng miteinander
verbunden. Wir können uns selbst nicht
erkennen, wenn wir uns nicht lieben, und
nur die Liebe lässt uns tiefer in uns eindringen und erkennen, wer wir in Wahrheit sind.

20 Im Raum des reinen Schweigens,
der unberührt ist vom Lärm der
Welt, will Gott in uns geboren
werden.

21 Winteranfang und Weihnachtsvor-
freude: An Weihnachten wird Gott
Mensch. Wir feiern Weihnachten,
damit diese Welt wärmer wird,
damit die Menschlichkeit sich gegen
alle kalten menschenverachtenden
Tendenzen durchsetzt.

22 Das Licht der Kerzen:
Eine einzige Kerze kann die Dunkelheit erhellen – und die Hoffnung geben, dass auch meine
innere Nacht sich erhellen wird.

23 Suche zur Ruhe zu kommen:
Nur in der Tiefe meines Herzens,
zu der der Lärm der Oberfläche nicht
mehr durchdringt,
will Gott in mir Mensch werden.

24 Unser Leben
hat sich für immer verwandelt.
Gottes Licht
 leuchtet in unserer Finsternis.
Gott ist als Kind geboren, um unsere versteinerten Herzen aufzu-
brechen – für die Freude und für
die Liebe.

25 Du erkennst dich selbst,
wenn du in dir Gott findest
und dich in Gott.

26 Weihnachten heißt:
einen neuen Anfang feiern.
Das ist die eigentliche Verheißung
von Weihnachten:
Neues Leben entsteht auch in
uns.

27 Wir dürfen den alten Traum von einem erfüllten Leben aufs Neue träumen. Wir dürfen noch einmal von Neuem beginnen. Die Vergangenheit kann uns nicht mehr davon abhalten, dass Gott alles in uns verwandelt und erneuert.

29 Träume werden wahr.
Wir dürfen unseren Träumen
aufs Neue trauen.
Träume zeigen,
was wirklich in uns geschieht.

28 Das ist die Botschaft der Freude an Weihnachten: Gott ist auch heute für Überraschungen gut, die meinem Leben eine ganz neue, eine göttliche Richtung geben.

29 Wenn Gott ins uns geboren wird,
ist alles möglich.
Zukunft wird eröffnet.
Und wir dürfen darauf vertrauen:
Unser Leben wird gut.

30 Es macht frei, das Alte des Jahres
zu lassen und sich dem Neuen, das
uns erwartet, voll Vertrauen und
Hoffnung zuzuwenden.

31 Unser Leben liegt noch vor uns.
Die Wege sind noch nicht abgeschritten.
Es ist wie eine Landschaft,
die im Neuschnee liegt.
Wir sind frei,
unsere ureigenste Spur einzugraben.

Anselm Grün OSB

geb. 1945, Dr. theol., verwaltet die Benedik-
tinerabtei Münsterschwarzach. Außerdem
ist er geistlicher Berater und als Kursleiter
tätig – für Meditation, tiefenpsychologische
Auslegung von Träumen, Fasten und Kontemplation. Zahlreiche Veröffentlichungen.
Zuletzt: Der Stressengel und andere himmlische Boten; Kraftvolle Visionen gegen
Burnout und Blockaden; Einfach leben;
Gesund mit Leib und Seele. Sein Monats-
rundbrief „einfach leben" inspiriert zahlreiche Leser (www.einfachlebenbrief.de).

Zu den Quellen

Die Tagesimpulse wurden entnommen aus Texten
von Anselm Grün, die in seinem monatlichen
„einfach-leben-Brief" 2006-2012 erschienen sind
(www.einfachlebenbrief.de).

Darüber hinaus entstammen sie, z. T. leicht modifiziert,
folgenden in den Verlagen Herder und Kreuz erschienenen
Büchern von Anselm Grün:
Gesund mit Leib und Seele: 4.1., 7.1., 9.1., 1.2., 12.-18.2., 21.2.,
26.2., 6.7., 8., 9.7., 12.-15.7., 18. 19.7., 7..-9.8., 11.-16.8., 8.9.-
12.9., 14.9.-21.9., 23.9., 27.9., 12.-13.10.; *Was soll ich tun?:*
11.1., 11.3., 21.8., 29.8., 15.-17.11.; *Anselm Grüns Buch der*
Antworten: 19.2., 22.2., 9.3., 27.3., 30.3., 27.4., 2.8., 22. 23.8.,
26.8., 3.9.; *Grenzen setzen-Grenzen achten:* 8.3., 10.3., 16.3.;
Mit Anselm Grün zur inneren Balance finden: 19.3., 4.-5.8.,
1.9., 8.11.; *Im Zeitmaß der Mönche:* 24.3.; *Kraftvolle Imaginati-*
onen gegen Burnout und Blockaden: 17.-19.5., 22.-23.5., 25.5.,
28.5.; *Der Stressengel und andere himmlische Boten:* 24.5.; *Das*
Buch der Lebenskunst: 18.6., 25.8., 6.9., 26.9., 29.9., 6.10.; *Das*
kleine Buch der Lebenslust: 1.7., 27.7., 20.8., 24.8., 7.9.; *Kleines*
Buch der Engel: 20.7.; *Das kleine Buch vom wahren Glück:*
28.7.; *Das Glück der Stille:* 17.7., 6.8.; *Lass die Sorgen, sei in*
Einklang: 17.-19.8.; *Verwandle deine Angst:* 5.9.; *Wege durch*
die Depression: 13.9.; *Kleines Buch der Weihnachtsfreude:* 9.12.,
16.12., 20. 12., 24.-25.12., 27.12.,28.-29.12.